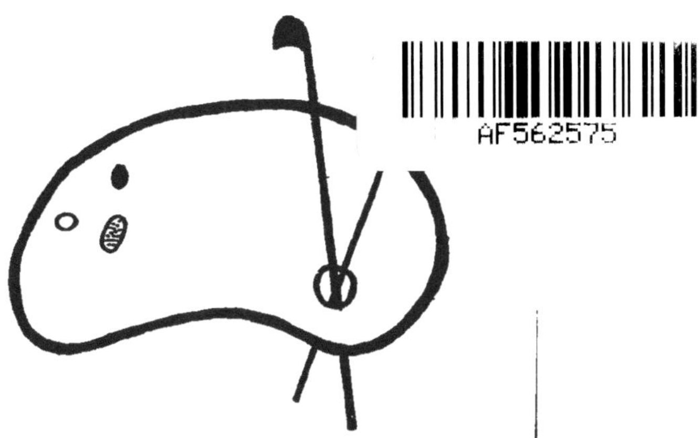

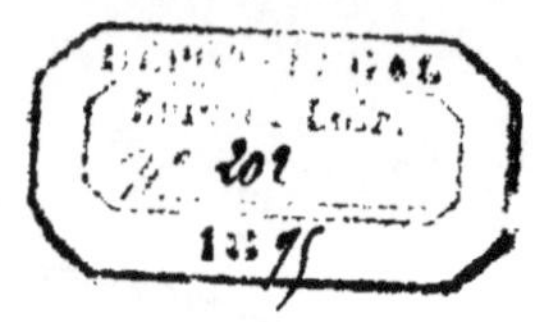

NOTES

SUR

L'INFLUENCE ARTISTIQUE

DU ROI RENÉ

PAR

A. GIRY

PARIS

1875

NOTES

SUR L'INFLUENCE ARTISTIQUE DU ROI RENÉ.

Le roi René; sa vie, son administration, ses travaux artistiques et littéraires d'après les documents inédits des archives de France et d'Italie, par A. Lecoy de la Marche. 1875. 2 vol. in-8°.

Le roi René est resté célèbre et presque populaire surtout à cause de son goût pour les arts, qu'il pratiqua, aima et encouragea dans ses domaines. Nombre de ceux auxquels sa renommée artistique, transmise jusqu'à nous par des traditions et des légendes, était familière, ignoraient sa participation à presque tous les événements de son temps, où, à dire vrai, il ne joua pas les premiers rôles qui n'étaient à la portée ni de son caractère ni de ses talents. Aujourd'hui encore, pour la plupart des lecteurs, et malgré tout l'attrait qu'elle peut acquérir sous la plume d'un écrivain habile et disert, l'histoire proprement dite de René d'Anjou a pour principal intérêt de le placer dans son milieu et d'expliquer son rôle artistique.

Quel rôle eut réellement René dans le développement de l'art? Quelle influence exerça-t-il? Telles sont les questions que M. L. de la M. avait à résoudre et auxquelles il a consacré environ la moitié de son second volume; le reste est occupé par les pièces justificatives de l'ouvrage. Empressons-nous de dire qu'il apporte sur ces points bon nombre d'éclaircissements, et que si après lui la discussion n'est pas close, il aura eu du moins l'honneur d'ouvrir la voie et d'aborder la question avec les documents et les textes qui seuls permettent une discussion sérieuse[1].

Une précédente publication de M. L. de la M. avait déjà beaucoup contribué à substituer une base certaine aux traditions vagues sur lesquelles s'étaient appuyés les précédents historiens. Les *Extraits des comptes et mémoriaux du roi René* n'avaient pas diminué l'idée qu'on pouvait se faire de l'influence artistique du roi de Sicile. Presque en tout point ils avaient confirmé la tradition en montrant ses goûts, l'intérêt qu'il prenait aux travaux qu'il commandait,

---

1. Je n'ai garde d'oublier l'excellent mémoire de M. J. Renouvier, *Les peintres et les enlumineurs du roi René*, publié en 1857 dans les *Mémoires de la Société archéologique de Montpellier*. Avec le peu de documents dont il disposait, M. R. a fait tout ce qui pouvait se faire alors. Sa discussion est l'œuvre d'un esprit très pénétrant et devra toujours être consultée. Sans partager toutes ses opinions, je me plais à reconnaître l'autorité de sa critique.

la surveillance qu'il exerçait. Il avait apparu moins comme un artiste, il est vrai, que comme un amateur, curieux des procédés des artistes et des artisans, vivant dans leur familiarité, ne dédaignant pas de se mettre sous leur direction, cherchant à transporter dans ses domaines les pratiques des ouvriers de l'Orient, désireux d'acclimater toutes les branches de l'art, et surtout de ce que l'on a appelé depuis l'art industriel. Telle était l'impression générale; néanmoins ces documents si intéressants, si vivants, si féconds en révélations sur les œuvres et les artistes, étaient loin de satisfaire la curiosité; ils l'excitaient plutôt en proposant nombre de problèmes à résoudre, en mettant sur la voie de nombre de recherches. C'est en grande partie le commentaire de ces textes que présente la partie de l'ouvrage de M. L. de la M. que nous allons examiner.

M. L. de la M. a suivi dans son travail le plan, excellent du reste, qu'il avait adopté pour la classification des textes : *Architecture, Peinture et sculpture, Objets mobiliers, Musique et fêtes*. Un 5e chapitre est dans son ouvrage consacré à la *littérature*. Il a très-habilement tiré parti de ses documents, la lecture de ces cinq chapitres est fort agréable, et son travail est une contribution importante à l'histoire de l'art au XVe siècle. Il est loin cependant de répondre complètement à l'attente du lecteur. Si, trop souvent, on a témérairement entrepris l'histoire de l'art rien que par l'interprétation et l'étude des monuments, il est clair cependant que c'est le travail dont l'histoire de l'art saurait le moins se passer, or M. L. de la M. n'a guère utilisé que les documents écrits et quelque habileté qu'il ait mise à les commenter, on ne saurait s'étonner qu'il n'ait pas réussi à leur donner un nouvel intérêt. Les deux premiers chapitres surtout (*Architecture, Peinture et sculpture*) sont restés fort insuffisants. Ne cherchez pas dans son chapitre sur l'architecture quel a été le caractère de ces manoirs de plaisance qu'a construits l'un des premiers René d'Anjou, architecture d'un caractère nouveau, singulier mélange des caractères traditionnels du château seigneurial et de la maison de ville, acheminement vers le château de la renaissance et la villa moderne et qui méritait bien qu'on l'étudie; n'y cherchez aucune donnée sur l'architecture religieuse des nombreuses chapelles que le roi de Sicile fit bâtir ou restaurer, il ne vous indiquera même que rarement les plans ou les vues qui en ont été publiées. Et cependant les bases d'études étaient faciles, sur une trentaine d'édifices qu'a fait bâtir, aménager, ou restaurer le roi René, il en est une dizaine qui subsistent, et parmi eux, plusieurs de ces manoirs d'Anjou si intéressants et qui sont sa création la plus originale. Mais M. L. de la M. qui « s'est élancé sur les traces de René en Provence » et en Italie » ne les a point vus, et ne sait que rarement s'il en subsiste quelques vestiges. Il traduit en langage académique ses documents d'archives, paraphrase plus ou moins heureusement, les marchés et devis, fait avec eux le compte des chambres, ajoute que les tourelles étaient élégantes, les boiseries ouvragées, les demeures princières. Il connaît souvent les noms des constructeurs, l'époque de construction des diverses parties des édifices, sait l'origine et la qualité des matériaux; mais à tous ces renseignements précieux, il a manqué pour leur donner la vie et les animer, la science de l'archéologue et l'interprétation que seule pouvait donner l'étude des monuments encore existants ou de leurs analogues. Privée de cette lumière, son étude est moins attrayante que la lecture des documents qu'il a mis en œuvre; son style est plus vague, moins exact, moins piquant aussi que celui du xve siècle, et de fait, c'est aux *Extraits des comptes et mémoriaux* qu'il faudra toujours recourir lorsqu'on voudra sur ces questions des renseignements exacts. Ajoutons que les détails sur le tombeau de René et sur celui de la nourrice Typhaine seraient mieux à leur place dans le chapitre suivant consacré à la sculpture, qu'on ne voit guère non plus comment se rattachent à l'architecture les renseignements sur les animaux de ses ménageries, que les digues et tous les travaux contre les inondations de la Loire n'y tiennent pas non plus par un lien bien étroit. Tout cela occupe 26 pages des 50 du chapitre sur l'*Architecture* et même dans le reste il est beaucoup plus question de réparations et de consolidations que d'architecture véritable.

Le chapitre relatif à la peinture et à la sculpture est peut-être de tout le livre celui qui a été le plus légèrement écrit. M. L. de la M. s'est tout d'abord occupé de déterminer quelle part de vérité existe dans la tradition qui fait du roi René lui-même un peintre et un enlumineur. Il a produit à cet égard des témoignages concluants qui confirment la tradition, il les a rapprochés de ceux déjà produits, mais il eût pu mettre davantage ceux-ci dans tout leur jour. La lettre de remerciements qu'adressèrent à René vers 1456 les Frères mineurs de Laval, pour qui il avait « prins tel labour de composer ung image de pitié[1], » les indices tirés de ses achats[2], des instruments inventoriés dans son cabinet du château d'Angers[3], la mention de ses « petites et secrètes occupations » dans le *Mortifiement de vaine plaisance*[4], sont des preuves suffisantes de ce fait. A côté de ces témoignages M. L. de la M. a cité le passage souvent produit « d'une lettre de *Sum-* » *monte*. » Ce passage n'est pas tiré de *Summonte* dont l'histoire de Naples a paru en 1601[5], mais de *Summonzio*, napolitain qui l'écrivit le 20 mars 1524 (moins de 50 ans après la mort du roi René) dans une lettre qu'il adressait à Marcantonio Michele, gentilhomme vénitien, lettre communiquée par le Cav. Lazzara de Padoue à Puccini qui en a publié des extraits dans ses mémoires sur Antonello de Messine[6]. Il me paraît important d'établir toute la valeur de ce témoignage qui indique la prédilection de René pour la peinture flamande et sur lequel nous aurons occasion de revenir[7]. Celui de Nostre-Dame quoique postérieur n'est pas

---

1. Lettre publiée dans les *Archives de l'art français*. T. I, p. 321, rapprochée par M. L. de la M. d'un article de compte de Jeanne de Laval. T. II, p. 77.

2. Achat de toile pour peindre une *Madeleine* (*Comptes et Mém.* N° 469. *Le roi René*. T. II, p. 76). Achat de parchemin pour faire des heures (*Comptes et Mém.* N° 489).

3. Voy. entre autres les « fourmez d'oiseaux » et les tableaux représentant des oiseaux. (*Comptes et Mém.* N° 642).

4. Quatrebarbes, *Œuvres complètes du roi René*. T. IV, p. 1.

5. *Istoria della citta e regno di Napoli*. 4 vol. in-4°. Naples. 1601-1643.

6. *Memorie istorico-critiche di Antonello degli Antonj* da il Cav. Tommaso Puccini conservatore degli stabilimenti delle arti, dell' archivio diplomatico, etc. Firenze. 1809. In-8°.

7. Voici le passage : « Etiam de soa mano pinse bene, et a questo studio fu somma- » mente dedito, pero secundo la disciplina di Fiandra. » (*Ibid.*, p. 37).

non plus à dédaigner, et en le citant, il est bon de ne pas oublier que César de Nostre-Dame était arrière petit-fils de Pierre de Nostre-Dame, médecin juif, astrologue de René qui l'avait converti et lui avait accordé des lettres de noblesse [1].

La preuve faite que René fut peintre et enlumineur, restait à examiner les œuvres que la tradition lui attribue. M. L. de la M. a fait cette revue trop rapide, son excuse est qu'il ne les a pas vues. Dire que les raisons qu'on invoque contre l'attribution au roi René ne sont pas plus probantes que la tradition [2], c'est paraître ignorer que la critique peut trouver quelques bases dans l'étude des monuments. Même si cet examen doit dépouiller René, il est loin d'être sans fruit, car, si l'histoire de ces œuvres d'art prouve qu'elles ont été faites à son époque et dans ses états, elles restent comme éléments indispensables de l'appréciation de son goût et de son rôle artistique. Aussi, au lieu de ne traiter que légèrement ce sujet, M. L. de la M. eût dû examiner et étudier les nombreux tableaux du xve siècle, conservés dans les églises et les collections de Provence et d'Anjou [3].

Il me paraît insuffisant de dire du *Buisson ardent* que c'est une « œuvre de » mérite », et qu'elle a été attribuée à Jean Van Eyck [4]. Ce tableau souvent décrit [5], qui appartenait avant la révolution à l'église des Carmes et décorait l'autel où était déposé le cœur de René, est incontestablement d'un maître flamand. Si l'ordonnance de la composition et même certains personnages font penser à Jean Van Eyck, l'attribution est néanmoins impossible, puisqu'on y voit représentée sur un volet, comme donatrice, Jeanne de Laval reconnaissable à sa figure pâle et sèche, que ne déridèrent jamais que les jeux grotesques de la Fête-Dieu, et qu'elle ne fut la femme de René qu'en 1455, c'est-à-dire bien après la mort de Jean Van Eyck [6]. La critique moderne s'accorde en général à faire hon-

---

1. César de Nostre-Dame (1555-1629) dit entre autres choses que René enlumina une donation du comté de Provence au roi Louis XI (*Histoire et Chronique de Provence*. 1614. In-f°). Témoignage rapporté par M. L. (t. II, p. 86).

2. T. II, p. 70 n. 1.

3. Il est à espérer que nous ne tarderons pas à avoir des éclaircissements à ce sujet. En 1870, le ministre des beaux-arts avait chargé M. A. Michiels « d'explorer l'est et le » midi de la France pour y chercher les origines de l'école Flamande et y apprécier les » œuvres nombreuses de cette école qui ornent les églises méridionales. » Une partie du rapport de M. Michiels qui doit paraître avec la collaboration de M. de Chennevières a déjà été publiée dans le journal officiel (*L'art flamand à Dijon*. N^os des 13, 14, 17, 18, 20, 26 avril 1874).

4. T. II, p. 70.

5. Pour la première fois dans Pitton. *Histoire de la ville d'Aix*. 1666. P. 227. Puis dans de Haitze, *Les curiosités les plus remarquables de la ville d'Aix*. Aix. 1679. In-8°. Décrit très-longuement et reproduit au trait dans Millin. *Voyage dans les départements du midi de la France*. Paris. 1807-1811. T. II, p. 343 à 351 et Atlas pl. XLIX. — Décrit et reproduit au trait dans Al. Lenoir. *Monuments des arts libéraux de la France*. Paris. 1840. P. 46 et pl. XLIV. Le meilleure reproduction est encore celle donnée par Quatrebarbes. *Œuvres complètes du roi René*. T. I, p. 7. Tous ces auteurs l'attribuent à René d'Anjou.

6. M. Renouvier (p. 12) maintient avec Waagen l'attribution à Jean Van Eyck, en supposant que les volets sont l'œuvre postérieure d'un élève et imitateur. Cette hypothèse n'a été admise par aucun de ceux qui depuis ont vu le tableau et n'ont pu découvrir entre les volets et le panneau principal les prétendues différences de touches signalées par M. Renouvier.

neur de ce tableau au pinceau de Jean Memling qui a dû le peindre entre 1470 et 1475[1].

Il eût été à propos d'observer que l'auteur de ce beau tableau, si finement peint, ne pouvait être celui du panneau du musée de Cluny (*Prédication de la Madeleine*) d'une tout autre pratique, gouaché pour ainsi dire, grossier, inhabile. Ce dernier, au dire de M. de Chennevières[2], se rapproche du tableau du cabinet de M. Roux Alphéran (*L'Adoration des Mages*). Selon M. Michiels ce dernier tableau (qui est sur une toile très-légère) serait au contraire une œuvre du XVIe siècle[3].

Le tableau des Chartreux de Villeneuve-lez-Avignon (*La divine comédie*) bien que je ne le connaisse que par la reproduction au trait qui se trouve dans les *Œuvres complètes du roi René*[4] ne me paraît pas non plus de la même main que les précédents et M. Renouvier se trouve d'accord avec Boisserée pour l'attribuer à Jean Fouquet, attribution vraisemblable[5]. Parmi les œuvres attribuées à René et qui ne subsistent plus, M. L. de la M. cite les peintures murales de la chapelle du Petit-Puy à Baugé[6], des emblèmes dans la salle du roi à Arles[7], et les attributs et emblèmes des chambres des manoirs de Chanzé et de Reculée[8]; il eut pu ajouter un *Ecce homo*, que virent Millin et Lenoir chez les Observantins de Marseille[9] et qui n'a plus, à ma connaissance, été mentionné depuis.

M. L. de la M. dit avoir trouvé l'auteur de la peinture qui « surmontait le grand » autel des Célestins d'Avignon » et qui représentait le cadavre d'une maîtresse du

---

1. Voy. de Chennevières. *Recherches sur la vie et les ouvrages de quelques peintres provinciaux de l'ancienne France*. T. I, p. 130. — Marius Chaumelin. *Trésors d'art de la Provence exposés à Marseille en* 1861. Marseille. 1862. In-8°, p. 107 à 118. C'est la meilleure description avec une discussion critique approfondie. — Notes et additions de M. Ruelens aux *Anciens peintres flamands* de Crowe et Cavalcaselle. T. II, p. clviij. — M. Michiels (*Histoire de la peinture flamande*, t. III, p. 162 et 202) l'attribue à Jean Van der Meire auquel il s'est efforcé de reconstituer un œuvre, mais sur des données absolument hypothétiques.

2. Ouv. cit. t. I, p. 141. Une reproduction en couleur de ce tableau se trouve dans du Sommerard. *Les arts au moyen-âge*. Album. 1re série, p. 38.

3. Ouv. cit. t. III, p. 205. — Voici l'histoire de ce tableau : il appartenait avant la révolution aux religieuses dominicaines de N.-D. de Nazareth d'Aix (dames de Saint-Barthélemy); elles le donnèrent au P. Pouillard, grand carme d'Aix (qui fut conservateur du musée du cardinal Fesch. (Voy. une notice sur lui d'Emeric David dans le *Moniteur universel* du 23 août 1823). Celui-ci le vendit à M. Sallier, amateur d'Aix, qui le vendit à M. Porte (auteur d'*Aix ancien et moderne*) qui le vendit à M. Alexandre de Lestang-Parade (voy. la description de sa collection de tableaux par C. Gaszynski, *Mémorial d'Aix* du 13 juin 1841). Ce dernier le donna à M. Roux-Alphéran (voy. Roux-Alphéran. *Rues d'Aix*. 2 vol. in-8°, t. II, p. 241). — Il est reproduit dans les *Œuvres complètes du roi René*, t. I, pl. 16.

4. T. I, pl. 13.

5. Renouvier. *Les peintres et enlumineurs du roi René*, p. 15, et Boisserée, Lettre sur les anciennes écoles de peinture françaises, dans le *Bulletin du comité historique des arts et monuments*, t. I, p. 106.

6. T. II, p. 77.

7. T. II, p. 78.

8. *Extraits des Comptes et Mém.* N°s 643 et suiv.

9. Millin. *Ouv. cit.*, t. II, p. 343. — Lenoir. *Ouv. cit.*, p. 46. Rapprochez l' « ymaige » de crucifix » donnée par René aux Frères mineurs de Laval, et qui contrairement à l'assertion de M. L. de la M. ne me paraît pas pouvoir s'identifier avec l' « ymaige de » pitié » dont il a été question plus haut (t. II, p. 77).

roi René. C'est selon lui un Italien du nom de Francesco. M. L. de la M. a fait ici une confusion. Si l'on se reporte aux documents qui lui ont fourni ce renseignement, on voit, d'une part, qu'en 1478 « Francesco Laurens tailleur d'ymaige [1] », c'est-à-dire sculpteur, présentait à René des « ouvrages d'ymaigerie en painture, » c'est-à-dire des œuvres de sculpture peintes, suivant le goût de l'époque, et d'autre part que ce même Francesco faisait pour les Célestins un retable de marbre représentant la rencontre de J.-C. et des saintes femmes [2]. Comment a-t-il pu confondre ce bas-relief avec la peinture dont on a fait honneur à René? Le plus étrange, c'est que M. L. de la M. dit fort bien que ce retable est conservé aujourd'hui dans l'église de Saint-Didier. Je ne sais en outre où il a puisé que la peinture attribuée à René avait décoré le grand autel; il faut avouer que c'eût été un sujet singulier à cette place. Elle n'y était plus au moins en 1739, époque où la vit le président de Brosses, dont la description méritait d'être citée : « Dans une de leurs salles (des Célestins) je trouvai le fameux tableau peint en » détrempe par René d'Anjou, roi de Provence, leur fondateur..... C'est un » grand squelette debout, coiffé à l'antique, à moitié couvert de son suaire dont » les vers rongent le corps défiguré d'une manière affreuse; sa bière est ouverte, » appuyée debout contre une croix de cimetière et pleine de toiles d'araignées » fort bien imitées. Au diable soit l'animal qui de toutes les attitudes où il pou- » vait peindre sa maîtresse en a choisi une d'un si horrible spectacle! [3] »

Cet horrible spectacle, était, paraît-il, du goût de René, et ceci nous amène à parler de la peinture désignée sous le nom du *Roi mort* qui représentait le roi de Sicile sous la forme d'un cadavre encore revêtu d'une partie de ses chairs, avec la couronne et le manteau, laissant tomber le globe et le sceptre, et qui ornait son tombeau à Angers. Cette peinture, on le sait, est détruite; M. L. de la M. l'attribue hardiment à René, mais en l'absence de tout document précis, elle ne peut servir que comme indice de son goût pour ces représentations allégoriques assez frappantes, mais vulgaires. Il en faut rapprocher, ainsi que l'indique M. L. de la M. (p. 84), une miniature d'un livre d'heures qui lui a appartenu, et qui est non pas « une réduction du tableau du *roi mort,* » mais une peinture analogue où l'on voit un squelette coiffé d'une couronne royale [4]; et aussi ce titre d'un tableau inventorié au manoir de la Ménitré : *La mort qui pique l'amoureux.* [5] (p. 81).

Nous savions déjà que, pour les contemporains même de René, « les painctres » du roy de Cecille [6] » avaient constitué un groupe renommé. Bien peu de noms

---

1. T. II.

2. Ce François Laurens des comptes du roi René fait songer à Francesco Laurana, graveur en médaille assez célèbre, qui cisela en 1463 une belle médaille du roi René. Je n'ai pas les éléments nécessaires pour vérifier ce rapprochement, il faudrait voir le retable de l'église de Saint-Didier et rechercher ce que l'on sait des particularités de la vie de Laurana.

3. *Le Président de Brosses en Italie.* Ed. Didier, t. I, p. 20.

4. Bibl. nat. ms. lat. 1156 a f° 113, in-8°. — Cette miniature est gravée au trait dans les *Œuvres complètes du roi René,* p. 68.

5. M. Renouvier, cite aussi une *Image de la mort* de l'église de Saint-Paul de Lyon attribuée au roi René.

6. Jean Robertet à la fin du XVe s. (*Bibl. de l'École des chartes.* 2e série, t. III, p. 69).

malheureusement étaient connus, aucun ne pouvait s'appliquer à une œuvre; les textes mis au jour par M. L. de la M. en ont fait connaître un certain nombre, ont fourni sur d'autres des renseignements importants, ont montré dans quelle intimité avec René certains d'entre eux ont vécu. C'est avec raison qu'il a insisté sur l'origine flamande de la plupart, quoiqu'il n'ait pas cependant mis dans tout son jour l'influence de la peinture flamande. Dans ses tentatives de rapprochements et d'identification il a été moins heureux. Il dit à deux reprises (p. 71 et 75) que René a dû être en rapport avec Jean Van Eyck peu après 1448, mais cette hypothèse, déjà plusieurs fois émise, ne peut plus se produire depuis que l'on sait que Jean Van Eyck est mort en 1440[1]. Elle n'avait du reste qu'une base bien incertaine, c'était la lettre adressée par René, pour lui demander des peintres, à « maître Jehanot le Flament; »[2] mais les peintres flamands du nom de Jean, les Jean de Flandre, sont nombreux dans les textes et il n'est guère possible avec ce seul indice de songer à une identification. On a mis aussi en avant Jean Memling, mais les premières œuvres connues de celui-ci datent de 1460 environ et en 1448 il devait être à peu près inconnu. Peut-être pourrait-on penser à Jean de Boulogne qui devint en 1449 peintre et valet de chambre des comtes de Flandre[3].

Un des peintres les plus employés à la cour de René était Coppin Delf, M. L. de la M. a pu ajouter des détails curieux à ce que l'on savait déjà de lui. En disant que Coppin était un *surnom* fréquent chez les artisans, M. L. de la M. a paru ignorer que c'était un prénom, un diminutif de Jacques très-usité dans le Nord. Delf est une indication d'origine, et à moins de le considérer comme parent de tous ses concitoyens on ne saurait le rapprocher d'un orfèvre de Bruges nommé Clay de Delf. Coppin avait orné de peintures et de dorures le tombeau de René, et un groupe sculpté dit le *Domine quo vadis*, qu'on ne connaît que par une estampe du XVIIIe siècle. Quoique l'on ait la mention d'autres œuvres de lui, aucune n'a survécu, ce qui n'empêche pas M. L. de la M. d'écrire avec naïveté : « Les ou- » vrages de Coppin Delf ne sont pas perdus tout à fait... ils revivent en partie dans » les dessins qui nous ont été conservés du tombeau de René et du groupe de » Saumur » (p. 95). Il convient, il est vrai, que ce sont là « des éléments bien » faibles pour juger son talent,.... » en effet! Il est bon d'observer que toutes les indications des travaux exécutés par ce peintre ne désignent que des peintures d'attributs, d'ornements et de sculpture. Parmi les autres artistes, M. L. de la M. me paraît identifier à tort (p. 90) le nom bien français de Georges Trubert, avec Turlère ou Turlery qui semble être plutôt un Anglais. — « Maistre Gentil » paintre » auquel René commanda en 1476 une bannière pour les habitants d'Auriol (p. 96) fait songer à Bartolommeo di Gentile dont le Louvre possède un tableau daté de 1497 (n° 66).

---

1. « Pro Sepultura magistri Johannis de Eyck pictoris, XII. lib. par. » (Extrait du compte de la fabrique de Bruges pour 1440, Carton, *Les trois frères Van Eyck*, p. 43).
2. Cette lettre si intéressante a été publiée d'abord par M. Renouvier, puis par M. de Montaiglon dans les *Archives de l'art français*, t. V, p. 214.
3. Sur Jean de Boulogne, voy. de Laborde. *Les ducs de Bourgogne*. T. I, n° 1437 et passim.

Tout en indiquant la prédilection de René pour la manière des peintres flamands, M. L. de la M. dit qu'il eut aussi des sympathies pour « l'École d'Italie » (p. 71) et il ajoute qu'il fut « à même d'apprécier » Colentino (lisez : Colantonio) del Fiore, Angelo Franco et le Zingaro; mais précisément ces peintres n'ont été que des imitateurs des Flamands et peut-être en partie sous l'influence de René. En ce qui touche Colantonio du moins, nous avons un témoignage important que M. L. de la M. n'a pas connu : un second passage, rapporté aussi par Puccini, de la lettre de Summonzio de 1524, citée plus haut, nous dit que Colantonio avait la plus vive admiration pour la manière flamande et songeait à aller l'étudier en Flandre, mais qu'il fut retenu par René qui lui en apprit les procédés [1]. C'est à tort que M. L. de la M. dit que René ne put pas connaître Antonello de Messine en Italie (p. 72, n. 1). Antonello né en 1414 vint étudier sous Colantonio del Fiore à Naples en 1438 [2]; c'est précisément l'année où René y arriva lui-même. Vasari en disant qu'Antonello vit à Naples un tableau de Jean Van Eyck appartenant au roi Alphonse (c'est peut-être le Saint Jérôme qui y est encore) a fort bien pu ne pas savoir lequel d'Alphonse ou de René régnait à Naples au moment du passage d'Antonello [3].

Entre Summonzio qui dit que René enseigna à Colantonio la méthode flamande et Vasari qui raconte qu'Antonello alla en Flandre surprendre les secrets des Van Eyck, semble exister une contradiction. Si l'on ajoute foi aux paroles de Summonzio, elles indiquent trop nettement les procédés nouveaux, la peinture à l'huile (*la pratica et la tempera di tal colore*) [4] pour qu'on puisse croire avec Crowe et Cavalcaselle que ce qui dans les œuvres flamandes faisait l'admiration de l'artiste napolitain, ce que René lui enseigna, ce fut l'ordonnance, le style, « les particularités de la composition et du dessin; » à cet égard, les maîtres n'auraient pas manqué en Italie, et je crois que le goût flamand n'y a pénétré au contraire que comme conséquence de l'imitation du procédé, de la technique flamande. Les témoignages contemporains ne manquent pas sur ce point; Vasari [5], Fazio [6], Filarete [7] montrent quelle importance capitale les peintres

---

1. « La professione di Colantonio era, siccome portava quel tempo, in lavoro di » Fiandra e lo colorire di quel paese, al che era tanto dedito che aveva deliberato d'an- » darvi, ma il re Raniero lo ritenne quà col mostrargli ipso la pratica e la tempera di » tal colore » (Puccini. Ouv. cit., p. 37).

2. Crowe et Cavalcaselle. *Les anciens peintres Flamands*. Traduct. Delepierre. T. I, p. 199 et 205.

3. Vasari. Edit. Lemonnier. T. IV, p. 78.

4. Crowe et Cavalcaselle traduisent ainsi ces mots : « les procédés de sa propre mé- » thode » (p. 201). C'est une interprétation impossible.

5. « Conoscevano gli artefici, che nelle pitture a tempera mancavano l'opere d'una » certa morbidezza e vivacita, che arebbe potuto arrecare .... Molti avevano, sofisticando, » cercato di tal cosa; non pero aveva niuno trovato che buono fusse..... Fu una bellis- » sima invenzione ed una gran comodita all' arte della pittura il trovare il colorito a » olio. » Il faudrait citer toute la vie d'Antonello (Ed. Lemonnier, t. IV, p. 74-82).

6. « Joannes Gallicus (Jean Van Eyck) nostri seculi pictorum princeps judicatus est..... » putaturque multa de colorum proprietatibus invenisse..... » (*Liber de viris illustribus* rédigé en 1457. Ed. de 1745, in-4°, p. 46).

7. « Et anche a olio si possono mettere tutti questi colori. Ma questa e altra pratica

attachaient à la recherche des nouveaux procédés, et en même temps combien l'on fut vivement frappé par les œuvres brillantes, d'une couleur pleine d'éclat et de transparence, dont la perfection était due en grande partie à de nouvelles méthodes, que produisirent, dans la première moitié du XVe siècle, les peintres Brugeois. A l'époque où René devint roi de Naples, je ne vois rien d'extraordinaire à ce que lui, que nous savons à n'en pas douter par ses comptes, préoccupé de détails de métier, ait connu, plus ou moins imparfaitement, les procédés flamands. A ce moment ils n'étaient guère plus un secret, dès 1420 la réputation des Van Eyck et de leur nouvelle méthode était fort répandue [1], on a cité des marchés pour des tableaux à l'huile commandés à d'autres peintres en 1419 et 1434 [2]; Cennini, qui écrivait en 1437 son *Trattato della pittura*, annonce qu'il enseigne à peindre à l'huile sur panneau comme le font beaucoup d'Allemands [3]. Pourquoi René qui avait été à Lille en 1437, qui avait vécu à la cour de Bourgogne, qui avait dû fréquenter alors familièrement tant d'artistes, n'aurait-il pas connu ces nouveaux procédés [4]? Rien d'extraordinaire aussi qu'il ne les ait connus qu'imparfaitement il est vrai, comme Cennini, comme Filarete [5], et que malgré son enseignement, on ait cru pouvoir découvrir à Bruges de bien autres secrets, ce qui explique suffisamment le voyage d'Antonello en Flandre; ajoutons qu'après avoir adopté, imité, les procédés matériels des maîtres flamands, on ne tarda pas à en subir la manière et à désirer d'être dirigé par eux.

Ceci nous a entraîné bien loin du livre de M. L. de la M., mais je pense que le témoignage de Summonzio valait la peine d'être discuté; le rôle qu'il attribue à René dans la diffusion des procédés flamands, dans les relations entre les peintres flamands et napolitains, méritait qu'on s'y arrêtât quelques instants.

On pouvait espérer que les indications de tableaux qui se trouvent dans les inventaires ou les comptes de René apporteraient quelques lumières sur son goût;

» et altro modo, il quale e bello a chi lo sa fare. Nella Magna si lavora bene in questa » forma, maxime da questo maestro Giovanni da Bruggia et Maestro Ruggieri, i quali » hanno adoperato optimamente questi colori a olio. » (Citation du traité de Filarete dans Vasari ed. Lemonnier. T. IV, p. 99).

1. Crowe et Cavalcaselle, *Ouv. cit.*, t. I, p. 46.

2. Dierícx, *Memoires sur la ville de Gand*, t. II, p. 55 et 255.

3. Chapitres 89 à 94.

4. « On assure, dit M. L. de la M. p. 72, qu'il importa en Italie les goûts et les procédés » flamands et qu'il contribua en particulier à y répandre l'invention ou plutôt le perfec- » tionnement de la peinture à l'huile dont il recommandait en effet l'emploi à ses artistes » d'Anjou. » Les deux exemples qu'il cite, les seuls qu'on trouve dans les *Comptes et Mémoriaux*, ne sont pas concluants; ils sont l'un de 1459, l'autre de 1472, encore faut-il observer qu'il s'agit dans le premier de sculpture et dans le second d'attributs sur une muraille, or on sait que bien avant les perfectionnements des Van Eyck on employait les couleurs à l'huile en enduit ou teinte plate, qu'on en peinturait les sculptures et même partiellement quelques tableaux.

5. « Dimmi in che modo si lavora con questo olio, e che olio e questo? — L'olio e di » seme di lino. — Non e egli molto obscuro? — Si, ma se gli toglie. Il modo non so; » se non mettilo intra una amoretta, et lasciavelo uno buono tempo, egli schiarisce » (*Commentario alla vita di Antonello*. Vasari, éd. Lemonnier. T. IV, p. 99). Les citations qu'en ont données les éditeurs de Vasari font bien désirer qu'on publie le traité de Filarete, écrit à Florence vers 1460 et dont le ms. se trouve à la bibliothèque Magliabecchi.

jusqu'à présent aucun n'a pu être identifié avec une œuvre existant encore ; — mais de ce côté tout espoir n'est pas perdu ; M. Michiels a dû voir de nombreux tableaux et quand le livre qu'il annonce paraîtra, il faudra examiner si aucun n'est mentionné dans les documents publiés par M. L. de la M.

Un certain nombre de mss. à miniatures qui ont appartenu à René se sont conservés ; leur examen devait figurer naturellement à côté de celui des autres peintures, mais ici encore M. L. de la M. a été très-insuffisant. Il a fait la critique des livres d'heures attribués à René et conservés à Paris et avec toute raison n'en a retenu que deux, non pas comme exécutés par le roi de Sicile, mais qui ont été faits pour lui. Ce sont les mss. de la Bibl. nat. 1156a et 19332 du fonds latin. Ces deux mss. contiennent des notes historiques relatives à René et à sa famille, qui, dit M. L. de la M., « n'ont guère pu être placées là que par le principal » intéressé ou son secrétaire » (p. 84). Cette conjecture fait penser à des notes d'écriture courante placées là après coup ; elles sont au contraire d'écriture fort régulière et ont été écrites avant l'ornementation des mss. dont les encadrements ont été souvent reculés ou interrompus pour leur faire place. Ajoutons que les charmantes peintures du ms. 1156a ont tout le caractère des productions flamandes. L'unique peinture du ms. 17332, une grande tête de vierge, à peine modelée, raide de lignes, rappelle le type byzantin ; les encadrements du même ms. sont d'un très-habile enlumineur, mais ne sauraient compter comme œuvres d'art.

Il existe à Aix, à Angers, à Poitiers et à Vienne, d'autres livres d'heures attribués à René ; M. L. de la M. ne les ayant pas vus n'a fait que les mentionner ; il a eu tort de dire qu'ils « n'offrent pas de caractères d'authenticité plus positifs, » il eût fallu avant de produire cette affirmation en faire un examen, et même s'ils ont seulement appartenu à René, ils valaient une description. Quant aux autres mss. à peintures qu'a possédés René, ils ne sont l'objet d'aucune notice ; il n'y a que de vagues indications soit à propos des œuvres littéraires de René, soit dans l'inventaire que M. L. de la M. a dressé de sa *librairie*[1]. Parmi les livres de cette librairie il en est un que M. L. de la M. indique ainsi : « Livret orné de » figures et commençant par ces mots : *Pour tel ouvraige* (manuel d'art) » (p. 190). Un « manuel d'art » dans les livres de René serait certes une chose importante, mais dans l'inventaire du château d'Angers où M. L. de la M. a puisé l'indication de ce livre, rien n'autorise à en faire « un manuel d'art » et je ne sais où il a pu prendre ce renseignement[2]. Quinze miniatures extraites de manuscrits du XVe s., qui sont l'œuvre de différentes mains, et forment un recueil conservé au dép. des

1. Je signale entre autres la première traduction latine de Strabon par Guarini de Vérone, envoyée à René par Marcello (Bibl. d'Albi, ms. 77). Deux grandes peintures, représentent, l'une, le traducteur faisant hommage de son livre à Marcello, l'autre Marcello en faisant hommage à René. Cette dernière est reproduite dans les *Œuvres complètes du roi René*. T. IV, pl. 24.

2. Voici l'article de l'inventaire : « Item, ung meschant petit livret en papier, couvert » de parchemin, ouquel a certaines figures, et se commance ou premier feuillet : *Pour tel* » *ouvraige* » (*Extrait des Comptes et Mémoriaux*, p. 268).

Estampes de la Bibl. nat. (AD. 94; elles ont été acquises en 1787), ont été parfois, sans raison aucune, attribuées au roi René.

Toute une série d'œuvres d'art qui subsistent encore peuvent servir à juger les artistes dont s'entoura le roi René : je veux parler de ses portraits et de ceux de sa femme Jeanne de Laval[1]. Ces œuvres, est-il besoin de le dire, ont encore un autre intérêt, celui de nous faire connaître la figure de personnages historiques, ce qui a bien quelque importance; en outre, les types, étant bien établis, peuvent permettre d'attribuer aux artistes employés par René les œuvres de son temps où l'on retrouverait ces représentations. M. L. de la M. n'en a parlé qu'incidemment, et, faute de les avoir bien classés, me paraît s'être absolument mépris sur les traits de la physionomie de René.

Dans ces portraits contemporains, il y a des médailles, des ivoires et des peintures. Incontestablement, les types authentiques, commandés par René, faits sous sa direction, destinés à transmettre ses traits à la postérité, sont les grandes médailles, fort belles, pour lesquelles il a employé des artistes célèbres. M. L. de la M. n'est pas de cet avis, il préfère, sans préciser, les portraits des *miniaturistes;* pour lui ceux des médailles sont *imparfaits;* la raison qu'il en donne est cette énorme hérésie artistique : « *L'instrument et la matière étaient plus rebelles* » *pour les graveurs que pour les peintres et il est à croire que l'artiste n'aura pas pu* » *reproduire exactement son modèle.* » Et cette observation est faite à propos de la belle médaille de 86 millim. due à François Laurana, celui-là même dont on connaît une belle médaille de Louis XI!

Ajoutons que les types des médailles se ressemblent entre eux, ressemblent aux principaux portraits, ressemblent au portrait du volet du *Buisson ardent* où René, quoi qu'en dise M. L. de la M., est loin d'avoir le nez aquilin.

En dépit de sa mauvaise opinion sur les graveurs, M. L. de la M. déclare que l'art de la gravure « fut réveillé par l'influence de René », c'est là une phrase banale, ni les comptes, ni aucun document ne révélant rien de particulier à cet égard. M. L. de la M. a décrit les trois médailles conservées au cabinet de la Bibliothèque nationale. A propos de celle de Pierre de Milan datée de 1461, il faut observer que le *Trésor de numismatique* qui l'a reproduite d'après un exemplaire du cabinet de Florence[2], dit que c'est la reproduction en bronze d'un ivoire de cet artiste. En effet, ce médaillon d'ivoire faisait partie du cabinet du président Fauris de Saint-Vincent à Aix[3]. Millin l'y vit et l'a reproduit dans son *Voyage dans les départements du midi de la France*[4]. Une

---

1. Je ne crois pas qu'on connaisse les traits de sa première femme Isabelle de Lorraine autrement que par un dessin colorié de la collection Gaignières (t. XI, 15) d'après un vitrail de l'église des Cordeliers d'Angers. Il a été reproduit par Montfaucon, *Monuments de la monarchie française*, t. III, pl. 47.

2. *Médailles italiennes*, 2e partie, pl. XIV. La médaille de Pierre de Milan de 1462 y est aussi reproduite.

3. Il est décrit et reproduit dans le recueil de ses opuscules publié sous le titre de *Recueil de divers monuments d'antiquités trouvés en Provence.* 1 vol. gr. in-4° avec 17 pl. Paris. 1805. Reproduit aussi mais fort inexactement dans *Les tournois du roi René* publiés par Champollion-Figeac. In-f° maximo. Didot. 1826.

4. Atlas, pl. XXXII. Voy. aussi t. II, p. 231.

quatrième médaille sans date ni signature, représentant René seul, profil à gauche, revêtu d'une armure, est reproduite dans le Trésor de numismatique, d'après un exemplaire du cabinet impérial de Vienne [1]. Il convient d'ajouter à cette liste la mention d'un médaillon circulaire en bois sculpté, d'un travail allemand de la fin du xve siècle, où René est représenté en buste de profil avec cette légende : REGIS . SICELIDVM . EFFIGIES . EST . ISTA . RENATI. (Musée du Louvre. Bois sculptés. B. 191.)

Parmi les portraits en peinture il en est un qui mérite de nous occuper quelques instants. Dans la grande édition qu'a publiée Didot des *Tournois du roi René* en 1826-1827, se trouve reproduit en frontispice, un diptyque de la dimension d'un petit in-octavo représentant, à gauche, le roi René, vu à mi-corps, et à droite, un buste de femme que M. Champollion dit être Catherine Capelle, une maîtresse du roi René, mais qui est à n'en pas douter la figure sèche et froide de la reine Jeanne de Laval. Cette peinture, que l'éditeur attribue bien entendu à René lui-même, aurait été donnée par celui-ci à Jean de Matheron, l'un des familiers de René, et en effet, le revers de chaque peinture présente, sur un fonds d'azur parsemé de fleurs de lys d'or, une tige de lys blanc enveloppée d'une banderolle portant la devise : *Ditat servata fides*, tige, banderolle et devise qu'on retrouve sur la médaille de Jean de Matheron, autre monument des artistes de René, qu'a reproduite Millin d'après un exemplaire du cabinet Fauris de Saint-Vincent [2]. Millin vit une peinture semblable en 1807 chez les descendants de Matheron [3]. Elle est reproduite, fort grossièrement et fort inexactement du reste, en tête du livre des tournois et était alors dans le cabinet de M. Revoil, professeur à l'école des beaux-arts de Lyon; elle est passée depuis dans la collection de M. Didot, et on a pu la voir à l'exposition d'œuvres d'art faite à Paris en 1874 au profit des Alsaciens-Lorrains.

Mais, chose étrange, alors que cette peinture était dans le cabinet Revoil, M. Roux-Alphéran, dans son livre sur les rues d'Aix, publié en 1847, en décrivait une semblable conservée à cette époque encore dans la famille Matheron : il connaissait cependant le tableau possédé par M. Revoil et déclarait que ce devait être une copie faite par ce dernier pendant son séjour à Aix [4]. M. Renouvier, peu avant 1857, vit encore ces portraits chez M. de Saint-Pons, de la famille Matheron.

Depuis, M. Chazaud acquit le tableau des derniers descendants de Matheron, et j'ai pu le voir dernièrement dans son cabinet à Paris. Il est exactement pareil à celui de la collection Didot [5]. Malheureusement je n'ai plus ce dernier assez présent à la mémoire pour pouvoir discuter l'affirmation de Roux-Alphéran et me déclarer sur l'authenticité de ces deux œuvres. Dans le diptyque de

---

1. *Trésor de numismatique*. Loc. cit.
2. Ouv. cit. Atlas, pl. XXXII. Voy. t. II, p. 232.
3. Ouv. cit., t. II, p. 343.
4. Roux-Alphéran, *Les rues d'Aix*. 2 vol. in-8°. Aix. 1847. T. I, p. 478.
5. Il n'y a pas jusqu'à une gaine de velours rouge du XVIIe s. environ, figurée dans la publication de M. Champollion, que j'ai retrouvée chez M. Chazaud.

M. Chazaud, René est très-finement peint, très-ressemblant au portrait du volet du buisson ardent; c'est une œuvre flamande d'un artiste très-analogue à Memling. Jeanne de Laval, moins expressive, paraît d'une autre main, moins légère, d'une touche plus lourde. Lequel de ces deux tableaux est authentique ? Est-il possible de croire que l'un soit une répétition contemporaine de l'autre ? C'est là un problème que pour le moment je me contente de poser.

Il existe aux Archives nationales un aveu rendu au roi René par Jean de Sainte-Maure pour la baronnie de la Haie-Joullain dont la première page est ornée d'une miniature carrée, d'environ 10 centimètres de côté, assez fine, représentant le vassal faisant hommage à son suzerain[1]. Les auteurs du catalogue du musée des Archives (p. 279) et après eux M. L. de la M. ont voulu voir naturellement dans le suzerain un portrait du roi de Sicile. M. L. de la M. dit formellement que l'artiste lui a donné les traits du roi René (p. 86). Quiconque examinera cette miniature sera tout d'abord frappé de l'insignifiance de cette figure. Il y a d'autres personnages plus vivants, plus expressifs, celui à longue robe fourrée, par exemple; mais on s'étonnera bien davantage encore en voyant que ce prétendu roi René a suspendues au-dessus de sa tête les armes de France, et que le dais sous lequel il siége est bordé d'un listel aux couleurs de la livrée particulière des rois de France, bleu, blanc et rouge[2]. A n'en pas douter c'est un hommage au roi de France que représente cette miniature. Est-ce là que M. L. de la M. a vu René avec un nez aquilin ? Le fait est étrange, mais absolument certain, indiscutable. Reste à trouver son explication. Dans mon opinion, cette peinture n'est qu'une œuvre d'art industriel, comme nous savons par ailleurs qu'en faisaient à cette époque les enlumineurs; c'est un parchemin orné d'attributs qu'a acheté le seigneur de la Haie-Joullain pour y faire transcrire son hommage. Trop souvent on confond dans une admiration commune ces miniatures très-nombreuses dans les manuscrits de luxe, avec les rares œuvres de grande valeur artistique que nous ont laissées les maîtres.

Pour en finir avec les portraits, mentionnons parmi ceux que n'a pas cités M. L. de la M. la reproduction par Willemin (*Monuments français inédits*, pl. 196) d'une miniature représentant « le roi René d'Anjou dans son cabinet d'après un » ms. du fonds Saint-Germain » (Bibl. nat. ms. 19039 Fr. f° 201. C'est un ms. du *Mortifiement de vaine plaisance*, écrit en 1514); un dessin colorié de la collection Gaignières (II, 13) d'après un vitrail des cordeliers d'Angers, représentant le roi René; la copie par Gras du portrait du *Buisson ardent* (musée de Versailles n° 3922); une miniature, d'un ms. du *Pèlerinage de la vie humaine* par Guillaume de Guilleville, commencé au mois de février 1464, représentant l'auteur offrant son livre à Jeanne de Laval et un ivoire du XVe s. représentant Jeanne de Laval, possédé, je crois, par M. Bonnafé.

---

1. Cette miniature a été reproduite en couleur par du Sommerard. *Les arts du moyen-âge* (Album, 9e série, pl. 35).
2. M. Douet d'Arcq dans un mémoire sur les *Chartes à vignettes* (*Revue archéologique*. 1847. P. 755) a voulu voir la maison d'Anjou désignée par la bordure rouge du manteau du suzerain.

Je ne poursuivrai pas plus avant l'examen détaillé du livre de M. L. de la M. On peut voir par ce qui précède qu'il n'a pas complètement épuisé son sujet. Je n'ajoute que quelques notes sur ses derniers chapitres. Dans celui consacré aux objets mobiliers, il s'est trouvé amené à mentionner la tapisserie de l'*Apocalypse* que Louis Ier d'Anjou avait fait fabriquer d'après un ms. de l'Apocalypse que Charles V lui avait prêté avant 1373 (p. 111). Ce ms. n'est pas le ms. Français 7013, mais 403 de la Bibliothèque nationale; il est, non pas du XIIe, mais du milieu du XIIIe siècle. Une comparaison entre les deux œuvres serait très-importante et probablement très-féconde. Je crois que c'est l'unique exemple qu'on puisse citer d'un modèle encore existant d'une tapisserie du XIVe siècle. — Dans ce chapitre consacré aux objets mobiliers, M. L. de la M. eût pu citer une armoire ornée des armes et devises de René d'Anjou, dessin d'une tapisserie conservée à Saint-Maurice d'Angers, donné par Willemin (*Monuments français* pl. 209, texte p. 11). — P. 131. Trouvant dans l'inventaire du château d'Angers la mention que les lits étaient recouverts de pavillons, de filets, de treillis, il pense que c'était une « imitation des *moustiquaires* de Provence ». Pourquoi vouloir corriger l'inventaire qui dit lui-même que ces objets avaient pour but de « garder que les chiens ne se couchent dessus?[1] »

M. L. de la M. n'a qu'à peine mentionné au cours de son travail quelques sceaux et quelques monnaies du roi René; ces monuments se rattachent cependant fort étroitement à l'art. René a eu un grand nombre de sceaux différents, a fait frapper un grand nombre de types de monnaies. Nous ne pouvons songer à entreprendre ici le classement et la description de ces monuments; nous nous contenterons d'indiquer, en dehors des collections qui en contiennent des exemplaires, quelques ouvrages qui en ont donné des reproductions. M. Blancard (*Iconographie des sceaux et bulles du département des Bouches-du-Rhône*, pl. 20 à 22) a publié six sceaux différents de René, la plupart armoriaux — sauf l'un d'eux, très-beau, ayant d'un côté le type de majesté, René sur son trône soutenu par des lions antiques; au revers, le type équestre; ce sceau pend à un document de 1439. M. Douet d'Arcq (*Collection de sceaux*, nos 809 à 811) a décrit 3 sceaux de René, comme duc de Bar, qui se trouvent aux Archives nationales; 2 sont armoriaux, un 3e, équestre de 98 millim. On en trouvera d'autres dans le *Trésor de numismatique et de glyptique* (*Grands feudataires*, pl. 22, nos 3 à 5), dans Dom Calmet, *Histoire de Lorraine* (II, pl. 4, nos 23 à 26, et V. pl. II, no 1), dans Ruffi, *Histoire de la ville de Marseille* (t. I, p. 266, 267, 274, 496), dans Vredius *Généalogie des comtes de Flandre* (p. 105 à 107 et pr. II p. 244). Un sceau d'Isabelle de 1435 se trouve dans Blancard (pl. 22, no 2). On trouvera les principales reproductions de ses monnaies dans Dom Calmet, *Histoire de Lorraine* (t. II, pl. 2, nos 22 à 26, et t. V, pl. 2, nos 5 et 6), 16 types différents dans de

---

1. Les chiens étaient très-nombreux dans les habitations princières du XVe s. et avaient leurs entrées partout. Comparez un art. des comptes des ducs de Bourgogne mentionnant un achat de toile « à faire ung sac pour porter les coussins de l'oratoire, pource que les » chiens de mondit seigneur avoient mengié l'autre. » (De Laborde. T. I, p. 228.)

Saulcy, *Recherches sur les monnaies des ducs de Lorraine* (pl. 10 n°s 10 à 14, et pl. 11 n°s 1 à 11), *Recherches sur les monnaies des comtes et ducs de Bar* (pl. 7 n°s 1 et 2). Les monnaies de René comme souverain de Provence, se trouvent dans Papon, *Histoire générale de Provence* (t. III, pl. 12, n°s 1 à 3, pl. 13, n°s 4 à 15); dans Tobiesen Duby, *Monnaies des barons* (pl. 99, n°s 1 à 6). Les n°s 3 et 4 portent dans le cercle la représentation de la tarasque, cette bête chimérique qui servit de prétexte aux jeux institués par René. — M. de Longpérier a publié dans la Revue numismastique (1844, p. 286) une monnaie de René comme roi d'Aragon, M. Voillemier, une autre, avec une monnaie comme roi de Navarre (ibid., 1840, p. 347). On trouve ses monnaies comme roi de Sicile, dans Paruta, *Sicilia descritta* (ed. de Maier, 1697, p. 126), dans Vergara, *Monete del regno di Napoli* (p. 47 à 49) et dans Muratori, *Antiquitates italicæ* (I, pl. 31 n°s 4 à 9). On voit que toutes ces reproductions pouvaient servir à une étude des sceaux et des monnaies de René; il est regrettable que M. L. de la M. ne l'ait pas entreprise.

Les œuvres littéraires de René, assez nombreuses, sont comme la plupart des autres œuvres de l'époque un tissu d'allégories qu'il nous est aujourd'hui impossible de goûter. Elles n'ont qu'un intérêt, mais capital, c'est de nous faire pénétrer complètement dans le caractère du roi de Sicile et d'autant plus que toutes ont été inspirées par une situation, une disposition d'esprit particulière. Veuf d'Isabelle de Lorraine, René écrit un traité de morale mystique, *le Mortifiement de vaine plaisance;* en butte aux tracasseries de Louis XI il compose une sorte de satire, ou plutôt un récit allégorique de ses malheurs, *l'Abuzé en court;* au moment de son mariage avec Jeanne de Laval, une pastorale, *Regnault et Jeanneton* où il altère à peine les noms des deux héros. La chevalerie de l'époque jouait volontiers au berger, témoin le pas d'armes de la bergère en 1449 à Tarascon, où Isabelle de Lenoncourt présidait le tournoi habillée en pastourelle et où tous les chevaliers et écuyers étaient en pastours avec des houlettes. Enfin quelque temps après son mariage, il écrit *Le cœur d'amour épris.* M. L. de la M. a sagement analysé ces ouvrages et a montré ce qu'on pouvait en tirer pour mieux connaître son héros.

Au sujet des œuvres du roi René, nous ne lui ferons qu'un seul reproche, c'est d'avoir, sans examen, déclaré non authentique une pièce qui se trouve dans un ms. de la bibliothèque de Troyes (n° 763) tout en ayant ingénieusement songé à la rapprocher de vers de René sur la passion indiqués par Lacroix du Maine et qui ne se retrouvent plus (p. 173).

A propos des relations de René avec les hommes illustres de son temps, M. L. de la M. a discuté la possibilité d'une rencontre avec Villon (p. 179); il est certain que si Villon, parti pour Angers en 1456, y arriva, il a pu y trouver et y voir René. Mais à cette époque et pour le poète, partir et arriver étant choses fort distinctes, nous continuerons à tenir avec M. Longnon le séjour de Villon à Angers pour douteux.

Dans toute cette partie du livre, du reste, nous ne relèverons plus que quelques phrases hyperboliques sur René : « Il est évident qu'il lisait » les auteurs latins dans leur texte original. Pour les Grecs, c'est moins » démontré puisqu'ils ne figurent dans sa bibliothèque que sous la forme de

» traduction latine (p. 191). » — « L'anglais ne pouvait lui être totalement » étranger en raison de ses liens de parenté..... Vingt-quatre volumes en » langue turque ou maure qui parurent aux rédacteurs de ses inventaires » autant de grimoires indéchiffrables n'avaient pas été rassemblés pour rien.... » Les orientaux l'avaient sans doute familiarisé avec leurs dialectes » (p. 192). « Si la découverte de l'Amérique était arrivée quelques années plus tôt, il n'est » pas douteux que sa curiosité scientifique eût trouvé dans cet événement capital » un aliment et un essor nouveau » (p. 193). On pourrait multiplier les citations de cette nature; celles-ci suffisent pour montrer jusqu'à quel point M. L. de la M. a poussé cette apologie constante du roi René qui est le défaut le plus saillant de son livre.

Extrait de la *Revue critique d'histoire et de littérature*. N°s 45 et 46.

Imprimerie Gouverneur, G. Daupeley à Nogent-le-Rotrou.

www.ingramcontent.com/pod-product-compliance
Lightning Source LLC
LaVergne TN
LVHW010317230826
846091LV00009B/3698

* 9 7 8 2 0 1 1 9 4 0 9 8 8 *